Sonja Ryll

Die Kinder der Freiheit

Sonja Ryll

Die Kinder der Freiheit

DDR-Kinder und ihre Entwicklung von 1989 - 1998

Versuch einer Analyse

Impressum

Bibliografische Information der Deutschen Nationalbibliothek:
Die Deutsche Nationalbibliothek verzeichnet diese
Publikation in der Deutschen Nationalbibliografie;
detaillierte bibliografische Daten sind im Internet
über http://dnb.dnb.de abrufbar.

Die automatisierte Analyse des Werkes, um daraus
Informationen insbesondere über Muster, Trends und
Korrelationen gemäß §44b UrhG („Text und Data Mining")
zu gewinnen, ist untersagt.

© 2023 Sonja Ryll

Herstellung und Verlag:
BoD – Books on Demand, Norderstedt

ISBN: 978-3-7583-2453-6

Inhaltsverzeichnis

1. „Die Kinder der Freiheit"

13. September 1998 - Tag der Opfer des Faschismus. Am Denkmal der Opfer des Faschismus in Frankfurt (Oder) erklingt das Lied der Moorsoldaten. Ca. 200 Antifaschisten, junge, alte, Gewerkschafter, Kommunisten, PDS-Mitglieder, Sozialdemokraten, haben sich zum Gedenken und zur Mahnung auf dem Rosa-Luxemburg-Berg versammelt. Die Situation ist gespannt: 20 junge Faschisten stehen in Marschformation, mit NPD-Fahne und Trommel am Straßenrand. Das Lied ist noch nicht verklungen, da peitscht ein Trommelwirbel dazwischen, die Nazis marschieren auf das Denkmal zu. Das Folgende geschieht schweigend, denn der erste Redner spricht. Die Menge setzt sich in Bewegung, ohne Aufforderung, ohne ein Kommando. Die Faschisten werden abgedrängt, am Trommeln und jeglicher weiteren Störung gehindert, bis sie entnervt aufgeben. Zwei von ihnen erkenne ich wieder: Nico und Mary. Auch sie erkennen mich, senken ihren Blick vor mir, auch wenn ihre wie versteinert wirkenden Gesichter keine weitere Regung zulassen. Vor acht Jahren waren sie Kinder. Ihre zwischenzeitliche Entwicklung ist mir nicht bekannt.

In der folgenden Analyse gehe ich der Frage nach, welche gesellschaftspolitischen und ökonomischen Veränderungen die jetzigen Verhaltensweisen dieser Generation der zu Wendezeiten Zehnjährigen wesentlich bestimmten. Dabei verarbeite ich vor allem konkret nachweisbare Entwicklungen in der Grenzstadt Frankfurt (Oder), die jedoch für die neuen Bundesländer durchaus typisch sind.

2. Der Weg in die „Freiheit"

In den letzten Monaten, spätestens seit dem 12,9 % - Ergebnis der DVU in Sachsen-Anhalt wird dieser Begriff in Printmedien oder durch Psychologen in Talkshows gebraucht. Alle Welt kümmert sich plötzlich um den Zustand dieser nun wahlmündigen Generation, ist entsetzt über ihr Verhalten und schnell bei der Hand mit Erklärungen für Ursachen. Ihre Empfänglichkeit für „rechtsextreme Rattenfänger" wird häufig mit dem mangelnden Umgang mit der „Freiheit", die sie ja in der DDR nicht erlebt haben, begründet. Ihnen wird mangelndes Demokratieverständnis untergeschoben; sie wären nicht in der Lage, den anerzogenen „Kollektivismus" durch ausgeprägte Individualität zu ersetzen, suchten deshalb nach Autoritäten, Unterordnung. Andererseits wird ihnen nach dem verordneten Internationalismus zugutegehalten, sie entwickelten jetzt endlich ein nationales Gefühl, was natürlich wieder schändlich missbraucht würde. Ihre plötzlich aufbrechende Gewalttätigkeit resultiere aus der erzwungenen Niederhaltung von dem Menschen eigenen Aggressionen, die sie ja in der DDR nicht ausleben durften. Und so weiter und so fort...
Das Bedeutende dieser Altersgruppe ist wohl eher,

dass an ihr die Stabilität dieser Gesellschaft, die Tragfähigkeit der Annexion der DDR, die endgültige Unterwerfung ihrer Bürger unter das kapitalistische System messbar werden.

An dieser Generation wird deutlich, inwieweit diese Gesellschaft die Rekrutierung der Jugend unter die faschistische Ideologie befördert, sie bereit hält zur gegenwärtigen und zukünftigen Verwirklichung globaler Kapitalinteressen und als Zerschlagungspotential für revolutionäre, tatsächlich gesellschaftsverändernde Bestrebungen.

Weitgehend unbeachtet bleibt in der gesellschaftlichen Öffentlichkeit, dass sich ein bedeutendes Potential antifaschistischer Jugendlicher entwickelt, dem wir zu Unrecht nur einen verschwindend geringen Teil unserer Aufmerksamkeit zuwenden. Ja, sie haben es schwer, von uns überhaupt anerkannt, als gleichberechtigt und Hoffnungsträger der Zukunft behandelt zu werden. Auch sie gehören zu den „Kindern der Freiheit".

2.1. Entwicklung in der DDR

Bis Ende 1989 funktionierten die sozialen und ökonomischen Strukturen, die Verwaltung, das Bildungswesen in der DDR. Die gesellschaftliche Stagnation, die Unzufriedenheit, Proteste, Demonstrationen wurden von den Heranwachsenden in dem Maße gefühlsmäßig erfasst, wie sie sie durch Eltern und Lehrer vermittelt bekamen. Bis zu diesem Zeitpunkt verlief ihr Lebensrhythmus jedoch gleichmäßig, ohne wesentliche Einschnitte. Ihre Mütter blieben überwiegend bis zu ihrem ersten Lebensjahr auf bezahlter Grundlage zu Hause. Von 1000 Kindern wurden 836 bis zu ihrem dritten Lebensjahr in der Kinderkrippe, 951 bis zum sechsten Lebensjahr im Kindergarten betreut. Nach der Einschulung nutzten die Eltern für ihre Kinder die vom ersten bis vierten Schuljahr gewährleistete kostenlose Hortbetreuung (848 je 1000 Kinder), waren doch sowohl Mutter wie Vater überwiegend voll berufstätig.[1]

Für 55 Pfennige nahmen 86 % der Kinder am Schulessen teil, für 19 Pfennige tranken 76 % von ihnen täglich ¼ l Milch.[1]

Musisch, sportlich, künstlerisch oder naturwissenschaftlich interessierte Kinder nutzten zahlreiche Möglichkeiten, sich unter fachlicher Anleitung, meist kostenlos für die Eltern, zu entwickeln.

Räume, Kleidung, Geräte wurden zur Verfügung gestellt. In Kinderbibliotheken, Theatern, Kinos bestand immer großer Andrang. Das Fernsehen spielte im Tagesablauf der Kinder eine nur untergeordnete Rolle.

Eltern, Lehrer, Erzieher, Trainer waren gemeinsam um die Entwicklung der Kinder bemüht, standen in regelmäßigem Kontakt miteinander.

---

[1] Alle Zahlen aus: Statistisches Jahrbuch 1989 der Deutschen Demokratischen Republik. Staatsverlag der DDR. Berlin 1989. S. 76 und S. 303 (Regionale Struktur und Entwicklung in den Bezirken. Bezirk Frankfurt / Oder)

Bei Pionierveranstaltungen, Schul- und Kinderfesten, in der Spartakiade-Bewegung, naturwissenschaftlichen Olympiaden, künstlerischen Ausscheiden wurden die ganz individuellen Fähigkeiten der Kinder gefördert, auch der Beitrag des Einzelnen zum kollektiven Ergebnis gewürdigt.
Die acht Wochen Sommerferien verbrachten die Kinder äußerst selten zu Hause. Neben dem meist dreiwöchigen Urlaub mit den Eltern wurden die Pionier-, Betriebs- und Kinderferienlager genutzt, gab es in den Schulen eine Ferienbetreuung für eine Mark pro Tag einschließlich Verpflegung.
Natürlich waren in allen Familien, bei jedem Kind, die kleinen oder größeren persönlichen Katastrophen zu bewältigen, gab es Probleme, die angesichts der heutigen allerdings nichtig wirken.

2.2. Die Übergangsphase

In der Zeit der Auflösung der DDR nach dem 40. Jahrestag bis zur Währungsunion im Juli 1990 wurden die Kinder zu Kids, sahen sie sich plötzlich in einer für sie unverständlichen Opferrolle. In unzähligen Sendungen von 1199 bis zu den privaten Sendern rückten sie in den Mittelpunkt des gesellschaftlichen Interesses. Die bisherige Erziehung durch Eltern, Lehrer und gesellschaftliche Kräfte wurde zur kommunistischen Zwangserziehung, in der die Seelen der Kinder erstarrt seien, ihre Persönlichkeit unterentwickelt und deformiert. Plötzlich wurde den Kindern die Verantwortung für sich selbst übertragen. Sie sollten entscheiden, ob und wie sie lernen wollten; das Gefüge von Rechten und Pflichten wurde zugunsten der Rechte verschoben. Eltern und Lehrer standen unter gesellschaftlicher Anklage, waren verunsichert, fügten sich wider besseren Wissens, einzig aus der Überzeugung, das Beste für die Kinder zu tun.

Der Angriff auf das gesamte sozialistische Erziehungsgefüge bildete eine wesentliche Voraussetzung für das Gelingen der rigorosen Beseitigung der sozialökonomischen Verhältnisse in der DDR. Die engen Kontakte zwischen den Erziehungsträgern wurden gekappt, die Arbeit der Pionier- und FDJ-Organisationen im Wesentlichen eingestellt, Arbeitsgemeinschaften und Sportgruppen fanden nur noch sporadisch statt. Das Freizeitverhalten der Kinder änderte sich, spielte sich mehr oder weniger ungebunden auf der Straße oder vor dem Fernseher ab.

Dumme Werbesprüche flossen in ihre Kommunikation ein; in ihrem Verhalten kopierten sie die neuen Vorbilder der Fernsehserien; meist noch spielerisch probten sie die dargestellten Möglichkeiten der gewalttätigen Lösung von Konflikten.

2.3. Unter der Herrschaft des Kapitals

Mit der Währungsunion trat dann ein, was im Manifest der Kommunistischen Partei so treffend beschrieben wird: „Die Bourgeoisie, wo sie zur Herrschaft gekommen, hat alle feudalen, patriarchali-

schen, idyllischen (nun auch sozialistischen, S.R.) Verhältnisse zerstört. Sie hat die buntscheckigen Feudalbande, die den Menschen an seinen natürlichen Vorgesetzten knüpften, unbarmherzig zerrissen und kein anderes Band zwischen Mensch und Mensch übriggelassen als das nackte Interesse, als die gefühllose 'bare Zahlung'.
Sie hat die heiligen Schauer der frommen Schwärmerei, der ritterlichen Begeisterung, der spießbürgerlichen Wehmut in dem eiskalten Wasser egoistischer Berechnung ertränkt. Sie hat die persönliche Würde in den Tauschwert aufgelöst und an die Stelle der zahllosen verbrieften und wohlerworbenen Freiheiten die *eine* gewissenlose Handelsfreiheit gesetzt. ...
Die Bourgeoisie hat dem Familienverhältnis seinen rührend-sentimentalen Schleier abgerissen und es auf ein reines Geldverhältnis zurückgeführt."[1]
Der wesentliche Unterschied zu der oben beschriebenen Übernahme der Herrschaft über den Feudalismus besteht in der Beseitigung ausbeutungsfreier Verhältnisse, der Enteignung eines ganzen Volkes, und das nicht in Jahrhunderten, sondern innerhalb weniger Wochen und Monate.
In atemberaubendem Tempo änderten sich die Lebensverhältnisse mit der Einführung der D-Mark. Da die DDR-Bürger im Durchschnitt über ein erhebliches Maß an Ersparnissen verfügten, wurde

---

[1] Karl Marx / Friedrich Engels: Manifest der Kommunistischen Partei. In: Ausgewählte Werke Marx/Engels, Bd. I, S. 418 f.

das umgetauschte Geld für Autos, Auslandsreisen oder neue Wohnungseinrichtungen ausgegeben. Die Kinder wurden mit BMX-Rädern, Game-Boys, Computerspielen, nicht selten einem eigenen Fernseher bedacht. Zum beliebtesten Spiel wurde Monopoly. Die Verlockung mit „den Glasperlen" funktionierte noch immer perfekt und brachte zudem der westdeutschen Wirtschaft den dringend benötigten Absatzmarkt mit Superprofiten. Alles war erreichbar, kaufbar, konsumierbar, unter dem Begriff der Freiheit abbuchbar. Der Preis dafür, der zuerst in barer Münze zu bezahlen war, wurde zwar erahnt, aber noch nicht eingefordert. Die Menschen meinten, dass sie mit ihrem im Sozialismus erworbenen hohen Bildungsniveau, ihrem Wissen und Können in der „sozialen Marktwirtschaft" gebraucht, nur die Unfähigen und Faulen, die „Staatsnahen" arbeitslos würden. Man müsse nur dem Trend der Ellenbogengesellschaft folgen, das nunmehr geltende Gesetz der Stärke befolgen, sich durchsetzen, sich anpassen, in vorauseilendem Gehorsam möglichst an der Spitze schwimmen. Man ging ja nicht unwissend über dessen Gesetzmäßigkeiten in den Kapitalismus.
Es gab viel Aufregung, aber infolge eines gesetzlosen Zustandes keine Handhabe, als die ersten Pornozeitschriften, Springmesser und Schreckschusspistolen in den Schulen auftauchten. In den Hofpausen wurden in sich spontan bildenden Kreisen Prügelkämpfe um den Stärkeren ausgetragen, zunehmend auch einzelne, körperlich schwache Jun-

gen oder Mädchen dem Kreis ausgeliefert, verbal erniedrigt, geschlagen oder getreten. Die meisten Lehrer fürchteten die Masse, hielten sich abseits. Die ungewohnte Gewalt, nun selbst erfahren oder ausgeübt, bestimmte immer stärker das Verhältnis der Kinder zu ihrem Umfeld. Die Erwachsenen halfen nicht. Die Kinder sollten selbst lernen, sich in dieser neuen Gesellschaft durchzusetzen. Geld wurde zum alles beherrschenden Element.

Zwei einschneidende Ereignisse sollen als Beleg für die generelle Beseitigung bisher geltender sozialistischer und humanistischer Werte, Traditionen und Normen genügen.

In der Otto-Grotewohl-Schule in Frankfurt (Oder) wurde der 3. Oktober 1990 mit einem Festappell unter der nun bundesdeutschen Flagge begangen. Die langjährig dort als Lehrerin für Geschichte und Deutsch tätige Frau Peter war in die SPD eingetreten und zur Direktorin avanciert. In ihrer Festansprache diffamierte sie die DDR, Angehörige der Staatssicherheit, Funktionäre der SED, wie das so üblich wurde. Nur war ihr sehr wohl bekannt, dass sie damit die Eltern der vor ihr stehenden Schüler und damit auch sie beleidigte. Sie dankten es ihr mit einem ersten Widerstand, indem das Absingen der neuen Brandenburger Hymne verweigert wurde. Mit zu ihren ersten Amtshandlungen gehörte das Schleifen von Büste und Namen ihres Parteigenossen Otto Grotewohl, der den Makel hatte, erster Ministerpräsident der DDR zu sein. Heute ist Frau Peter Bildungsministerin in Brandenburg.

Wie tief das Verständnis für Frieden, Abscheu und Furcht vor Krieg in den Kindern zu DDR-Zeiten bereits in ihren wenigen Lebensjahren verwurzelt war, zeigte sich an ihrem Verhalten vor und während des Golf-Krieges im Januar und Februar 1991. Ernsthaft und bedrückt verfolgten sie die Kriegshetze, die schließlich einsetzenden Bombardements. Sie wollten etwas tun und waren davon überzeugt, dass es richtig sei, Plakate und Transparente zu malen, mit anderen gegen „Blut für Öl" zu demonstrieren. Die Heuchelei und der Opportunismus vieler Lehrer, vor allem der Schulleitungen, wurden offenbar. Der Demonstrationswillen der Schüler wurde als Schule-Schwänzen abgetan, den Lehrern, die sich an der geplanten Demonstration beteiligen wollten, mit Strafen gedroht. Schülervertreter (eine Einrichtung der neuen Demokratie) riefen zur Demo auf. Als demokratische Antwort darauf wurden in Frankfurt (Oder) viele Schulen abgeschlossen, die Schüler eingesperrt - ein absolutes Novum in der Schulgeschichte. Trotzdem gelang es, für kurze Zeit die zentrale Kreuzung zu besetzen. Die Schüler, die durch die Toilettenfenster entwichen waren, wurden kurzfristig zu Helden, den wenigen beteiligten Lehrern, denen die Abmahnung drohte, wurde viel Achtung und Vertrauen entgegengebracht. Die Kinder hatten ihre Feuertaufe im ersten Klassenkampf bestanden. Ihre einstigen Vorbilder hatten versagt. Allerdings wurde das geografisch viel näher liegende Kriegsgeschehen in Jugoslawien bereits ohne viel Aufregung hingenommen. Lüge, Gewalt, Krieg, Verbrechen aller Art gehörten mehr und mehr zum Alltag, waren vor allem durch die Medien kein Tabu mehr für die Heranwachsenden.

2. 4. Sozialökonomische Folgen für die Familien

Frankfurt (Oder), Grenzstadt zu Polen, ist nach der Bevölkerungsstruktur von den vier kreisfreien Städten Brandenburgs die jüngste Stadt. Der Anteil Jugendlicher bis 18 Jahre betrug 1997 20,21%. Knapp 2/3 der Bevölkerung sind im erwerbsfähigen Alter (61,95 % im Alter von 18 - 60 Jahren). Mehr als 1/3 der Bevölkerung wohnt im Neubauviertel Neuberesinchen.[1] Seit 1989 haben mehr als 10.000 Menschen (1989: 88.000 Einwohner), vor allem junge Familien und Auszubildende, die Stadt verlassen. Die Halbleiterindustrie, bedeutendster Industriezweig mit 1989 mehr als 8.000 Beschäftigten, ist fast völlig zusammengebrochen. Die größten Arbeitgeber sind Landesbehörden, Arbeitsamt, LVA, BfA und Krankenkassen.
Die Arbeitslosenquote lag 1992 bei 9,8 % und stieg bis Ende 1997 auf 18,9 %, wovon der Anteil Jugendlicher bis 25 Jahre 11,7 % betrug.[2]

---

[1] Sozialplanung der Stadt Frankfurt (Oder), September 1998. Herausgeber: Stadtverwaltung Frankfurt (Oder), Dezernat IV, Marktplatz 1, 15230 Frankfurt (Oder). S. 8.
[2] ebenda, S. 14.

Inzwischen ist jeder fünfte Sozialhilfeempfänger ein Kind unter 7 Jahren, der Anteil der unter 18-Jährigen beträgt 40%.[1]

20 % aller Haushalte verfügte im April 1996 lediglich über ein Nettoeinkommen bis 1.800 DM, 40% bis 2.500 DM. Den 33.800 Haushalten stehen 38.092 Wohnungen gegenüber. Es herrscht also kein Wohnungsmangel, sondern „bedenklicher Wohnungsleerstand"[2], sprich: das Wohnen wird immer weniger bezahlbar. Gleichzeitig stieg die Erfassung von Obdachlosen in Obdachlosenheimen bis 1995 auf 252 Personen an, um nun wieder rückläufig zu sein.[3]

Aufgrund der sozialen Unsicherheit sank die Anzahl der Geburten von 1989 = 1.191 bis 1993 auf einen Tiefstand von 399 (also um rund 66 %), um 1997 auf 450 anzuwachsen.

Von 1989 bis 1995 (1989 = 15; 1992 = 840) ließen sich 2.693 Frauen sterilisieren (ca. 1/3 der Frauen im gebärfähigen Alter).[4] Gesundheitsvorsorge, Impfungen, sportliche Betätigung, organisierte Freizeitgestaltung, Schulessen, Hortbetreuung, kulturelle Erlebnisse entfielen oder waren nicht mehr bezahlbar.

---

[1] ebenda, S. 15 f.

[2] ebenda, S. 21.

[3] ebenda, S. 22.

[4] 1. Gesundheitsbericht der Stadt Frankfurt (Oder). Berichtszeitraum 1991 - 1995. Herausgeber: Stadtverwaltung Frankfurt (Oder), Dezernat IV, Gesundheitsamt, Leipziger Str. 53, 15232 Frankfurt (Oder). S. 8.

Bei den Einschulungsuntersuchungen 1994 wurde
ein besorgniserregend hoher Anteil von Schädigungen vor allem im neurologisch-
psychologischen Bereich, bei den Sinnesorganen
sowie im Haltungsapparat der Kindern festgestellt.[1]

2. 5. Wachsen von Angst und Gewalt

All diese einschneidenden Einwirkungen im sozialökonomischen Bereich hatten natürlich auch
Folgen für das Verhalten der heranwachsenden
Kinder, für die Suche nach ihrem Platz in dieser
Gesellschaft.
Der Druck, dem die Eltern in Angst vor Arbeitsplatzverlust, Verschuldung usw. ausgesetzt waren,
übertrug sich auf die Kinder. Es ist schon ein Unterschied, ob die Eltern völlig deprimiert nach einem sinnlosen und entwürdigenden Behördentag
nach Hause kommen oder einen ausgefüllten Arbeitstag hinter sich haben. Arbeit hatte in der DDR
im Gegensatz zur Bundesrepublik neben dem Erwerb des Lebensunterhalts einen weitaus höheren
Stellenwert als wesentlicher Bestandteil eines
sinnerfüllten Lebens. Aus der oftmals panischen
Angst, arbeitslos zu werden, ist erklärbar, dass die
Bereitschaft, unter Tarif oder ganz ohne zu arbeiten, jeden Job anzunehmen, sich auch als Streikbrecher missbrauchen zu lassen, höher als unter

---

[1] ebenda S. 49 f.

den klassenkampferprobten Arbeitern im westlichen Teil der BRD ist.

In der DDR wurden Rechte gewährt, in der BRD muss jedes Recht erst beantragt und eingefordert werden, oftmals auch juristisch. Die innere Zerrissenheit, die Qual der systematischen Entwürdigung und Selbstaufgabe bekamen auf die eine oder andere Weise die Kinder zu spüren. Verbale und körperliche Gewalt gegenüber den Frauen und Kindern nahmen zu. Die Scheidungsrate stieg zwar an, gibt jedoch nicht den wahren Zustand der Zerrüttung in den Familien wieder, da auch Scheidungskosten nicht mehr bezahlbar waren. Die Selbstmordrate war bei Frauen 1991 am höchsten, bei Männern 1993, wobei die der Männer immer mehr als das Dreifache ausmachte.[1]

Die Beziehungen zwischen den Kindern prägte mehr und mehr der soziale Status ihrer Eltern. Äußerlichkeiten wie Kleidung, Besitztümer, Machtgebaren traten in den Vordergrund. Ausgeprägtes Konkurrenzverhalten entwickelte sich. Die Lösung von Konflikten wurde gewalttätiger, war oft schon mit ernsthaftem Hass gepaart.

Ende 1997 schreibt ein achtzehnjähriger Gymnasiast in einem Aufsatz für den Politikunterricht:

„…ich war als Jüngster der Liebling der Familie. Meine Eltern spielten uns als Kinder damals wahrscheinlich schon eine traute Familieneinheit vor.

---

[1] ebenda S. 18 f.

…Alles in allem hatte ich eine ruhige, idyllische Kindheit….

Ich trete den Leuten sehr distanziert und kalt gegenüber, bekomme von ihnen jedoch immer, was ich brauche, ohne viel oder gar nichts dafür zu geben. Mein Verhältnis zu Frauen ist gestört, ich sehe sie in meinen Augen als Untermenschen und harmonievollste Komposition zugleich.

Ich kann niemandem meine wahren Gefühle preisgeben. Ich habe jedoch in den Jahren einen Instinkt dafür entwickelt, daß ich sofort erkenne, wenn mir oder sich oder anderen Personen jemand etwas vorspielt. Es ist schon banal: ich kann keine Gefühle zeigen, weiß aber genau, was man mir an Gefühlen zeigt und ob sie echt sind. Ich lebe darauf hinaus, andere Leute auszunutzen, und deshalb bin ich wohl das beste Produkt in den Augen dieser Gesellschaft. Rücksichtslos und gierig nach Wohlstand. Ich glaube, ich kann es sehr gut mit meinem Gewissen vereinbaren, über Leichen zu gehen, nur um mein Ego zu befriedigen.

Was mir die Zukunft bringt, kann ich nicht sagen, aber ich glaube, prägen lass ich mich bewusst nicht mehr, ließ ich auch nicht mehr, seit ich in die Schule kam."[1]

Darunter steht die kommentarlose Bewertung durch den Politiklehrer: 1+.

---

[1] Anonym

3. „Großdeutschland"

Die Öffnung der Grenzen, die reibungslose Annexion der DDR, die Aneignung der materiellen Werte eines ganzen Volkes brachten der BRD endlich den Durchbruch in ihrem hegemonialen Bestreben in Europa.

Das Risiko bestand in den Menschen. Fügen sie sich diesem System willenlos oder leisten sie Widerstand?

Man brauchte im wahrsten Sinne des Wortes innere Sicherheit, um seine Ziele nach außen durchsetzen zu können. Alles, was für die Masse der Bevölkerung im Sozialismus gut war, musste aus Hirnen und Herzen ein- für allemal getilgt werden. Die industrielle Struktur wurde zerstört, die Organisationsformen der Arbeiter zerschlagen, breite Kampagnen und „rechtsstaatliche" Prozesse gegen das Bildungs- und Gesundheitswesen, den Sport, gegen Staats- und SED-Funktionäre, Angehörige der NVA geführt, mit der Stasikeule und Gauck-Behörde auch alle möglichen Keime von Widerstand ausgeschaltet.

Der breit angelegte Geschichtsrevisionismus tat sein Übriges. Straßennamen wurden getilgt, Denkmäler geschleift, die ehemals siegreiche Rote Armee zog ab als Verlierer der Geschichte. Wer von den Heranwachsenden weiß heute noch, was das Potsdamer Abkommen ist?

Sogar die sich im Bund der Antifaschisten organisierenden Älteren vermieden den Gebrauch des Begriffs Faschismus, sprachen von Nationalsozialismus, gedachten künftig „aller" Opfer von Gewalt. Manche der Großeltern erinnerten sich ihres früheren Idols aus Hitlerjugendzeiten, Max Schmeling, der jetzt in freundschaftlicher Verbundenheit mit Henry Maske auf Plakaten präsentiert wurde.

In Scharen zogen Abgesandte von Vertriebenenverbänden, sogenannten Kulturgesellschaften, von Republikanern und NPD, von DVU und Studentenkorporationen usw. in den Osten, um Anhänger zu gewinnen.

Den Regierenden muss es recht gewesen sein, denn sie taten nichts dagegen.

Ergebnisse zeitigte dieses Wirken, als die erste Welle von Asylbewerbern aus den zusammengebrochenen sozialistischen Ländern, aus Jugoslawien und anderen Regionen Anfang der 90er Jahre in die BRD strebte. Auf der Tagesordnung stand alsbald die faktische Abschaffung des Artikels 16 GG, des sogenannten Asylparagraphen. Erstmals konnten gewalttätige Ausschreitungen und massiver Ausländerhass auch in den neuen Bundesländern verzeichnet werden. Die Verbrechen von Hünxe, Mölln, Solingen hatten einen anderen Stellenwert als die in Hoyerswerda und Rostock / Lichtenhagen, befanden sie sich doch auf ehemals sozialistischem Territorium.

War eine ständige Zunahme dieser Anschläge mit immer größerer Brutalität bis Mitte 1993 (Am 26. Mai 1993 beschloss der Bundestag die Veränderung des Art. 16 GG.) zu verzeichnen, so schätzt der Verfassungsschutz in seinem Bericht von 1993 ein: „Der Anschlag (in Solingen am 29. Mai 1993, S. R.), der das Leben von fünf türkischen Frauen und Kindern forderte, entfaltete aber keinen den Ereignissen von Hoyerswerda (1991) und Rostock (1992) vergleichbaren Nachahmungsschub. Auch das befürchtete Aufschaukeln von Gewalt zwischen Rechtsextremisten und türkischen Mitbürgern blieb weitgehend aus.

... Auch die Beendigung der sehr kontrovers ausgetragenen Asyldebatte trug zum Abflauen der Gewaltwelle bei.“[1]

Das Ziel war erreicht, die Erfüllungsgehilfen wurden vorerst nicht gebraucht, in ihre Schranken verwiesen.

Unter dem Vorwand des Eintretens für Menschenrechte und Selbstbestimmungsrecht der Völker wurde der Bürgerkrieg in Jugoslawien entfacht, alte, noch aus dem Ersten Weltkrieg stammende, chauvinistische Bestrebungen („Serbien muss sterben“) erstrahlten zu neuer Blüte.

Die Verteidigungspolitischen Richtlinien von 1992 schufen die Voraussetzungen für die Umstrukturierung und den Einsatz der Bundeswehr weltweit.

---

[1] Verfassungsschutzbericht 1993. S. 82

Auf allen Ebenen, bis zu den Briefmarken, wurde aus dem vereinigten Staatsgebilde „Deutschland". Und Deutschland war überall am Siegen: im Fußball, im Tennis, in der Formel 1, in Europa, im weltweiten Konkurrenzkampf. Der Standort Deutschland war zu verteidigen gegen alle, die ein Stück vom Kuchen abhaben wollten. Die deutsche Wirtschaft musste gestärkt werden.

Da sich der Osten als geeignet erwies, wurde er zum Experimentierfeld für Sozial- und Demokratieabbau, erleichterte das Vorgehen auch gegen hart erkämpfte Rechte im Westen.

Und der Kanzler der Deutschen zimmerte am Haus Europa, holte die Europa-Bank nach Deutschland.

Deutsche Rinder, deutsche Butter, deutsches Gemüse, deutscher Fleiß, deutsche Gründlichkeit, deutscher Rechtsstaat ...

Wer wollte *nicht* stolz darauf sein, ein Deutscher zu sein?

Unter den Ostdeutschen grassiert mehr noch als im Westen die Massenarbeitslosigkeit; die monatliche Miete aufzubringen, nagt an der Existenz; das Bildungsniveau ist in wenigen Jahren sogar im Vergleich mit westdeutschen Bundesländern auf einem erschreckenden Tiefpunkt angelangt; nirgendwo zeigt sich für die Masse der Bevölkerung, insbesondere die herangewachsenen Jugendlichen, eine hoffnungsvolle Perspektive. Der Stolz, ein Deutscher zu sein, berechtigt immerhin dazu, sich über die noch Rechtloseren zu erheben.

Faschistisches Gedankengut hat leichtes Spiel.

Aus einem Vergleich der Verfassungsschutzberichte von 1992[1] und 1997[2] wird eine drastische Zunahme der Delikte von Volksverhetzung (1992: 329 zu 1997: 2.369) und verbotener Propaganda (1992: 1.211 zu 1997: 7.888) deutlich.

Alle Parteien und Organisationen faschistischer oder nationalistischer Prägung haben ihren Stammsitz in den alten Bundesländern. Ein Großteil ihrer Aktivitäten, bis hin zu Aufmärschen und Gedenkfeiern, wird zunehmend in den Osten verlegt.

Einzelne Jugendliche, z. B. Jörg Hähnel und der im Gefängnis sitzende André Werner aus Frankfurt (Oder), erhebt man sogar zu Bundesvorstandsmitgliedern der Jungen Nationaldemokraten (JN). Sie erhalten umfassende Schulungen.

Organisationspolitische Strukturen werden vor allem in den östlichen Grenzregionen geschaffen. 1993 belegt den ersten Platz im Vergleich der Bundesländer in der Verübung von Gewalttaten mit rechtsextremistischem Hintergrund je 100.000 Einwohner noch Nordrhein-Westfalen, Brandenburg rangiert auf Platz neun[3]. 1997 hat sich das Verhältnis wesentlich geändert: Brandenburg führt die Statistik vor allen neuen Bundesländern an. Erst an 11. Stelle reiht sich jetzt NRW ein.[4]

---

[1] Verfassungsschutzbericht 1993, S. 79
[2] Verfassungsschutzbericht. 1997, S. 75
[3] Verfassungsschutzbericht 1993, S. 101
[4] Verfassungsschutzbericht 1997, S. 79

In Vorbereitung auf die Bundestagswahl, die Landtagswahlen in Sachsen-Anhalt und Mecklenburg-Vorpommern sowie die Kommunalwahlen in Brandenburg ändert sich die Taktik der faschistischen Parteien. Sie orientieren auf weniger Gewalt, wollen hoffähig und wählbar werden.

Es ist ersichtlich, dass sich die sozialen Spannungen besonders in den neuen Bundesländern verschärfen. Zahlreiche Untersuchungen belegen den Stimmungsumschwung in der Bevölkerung. Sozialistische Errungenschaften in der DDR werden wieder erstrebenswert: gesicherte Arbeitsplätze, bezahlbare Mieten, einheitliches Bildungssystem, Krippen- und Kindergartenplätze, Gleichberechtigung der Frau. Die immer wieder geschwungene Stasikeule entlockt nur noch müdes Lächeln. Allerdings entwickeln sich nur ansatzweise klassenkämpferische Positionen, die im Westen langjährige Traditionen haben. Die Gewerkschaften befinden sich in einer mühevollen Aufbauphase. Die Masse der Arbeiter, Angestellten und Arbeitslosen ist unorganisiert.

DVU, Republikaner, NPD und zahlreiche Nadelstreifenparteien von Pro DM bis zum Bund Freier Bürger haben verschiedene Zielgruppen.

Dabei konzentriert sich die NPD besonders auf das junge Potential im Osten.

Gezielt wird mit den Jugendlichen bestimmter gewaltbereiter Wohngebietscliquen gearbeitet. In ihren „national befreiten Zonen" dominieren sie wesentlich das Freizeitverhalten der Kinder und

Jugendlichen. Auf Schulhöfen, bei Erstwählern, in den Neubaugebieten entwickeln sie eine breite Wahlpropaganda, verbunden mit einem neuen friedlichen Image.

Der JN-Führer in Frankfurt (Oder), inzwischen auch NPD-Kreisvorsitzender, Jörg Hähnel, präsentiert die neue Linie mit einer Gewaltverzichtserklärung. Pressewirksam werden Bäumchen gepflanzt, Spielplätze gesäubert, soziales Engagement gezeigt. Man kümmert sich um die heranwachsenden Jungen, spielt Fußball mit ihnen, zeigt Kampfsportmöglichkeiten. Von weiterhin vorkommenden Gewalttaten distanziert man sich teilweise verbal. Man kann ja nicht alle Kameradschaften unter Kontrolle haben.

In Programmatik, Parolen und Losungen bedienen sie sich, wie schon ihre historischen Vorbilder, bei Zielen der Arbeiterbewegung. Die NPD erklärt die DDR zum besseren Staat. Lange vor der CDU umwirbt sie einstige SED-Funktionäre und Angehörige der Staatssicherheit. Es ist doch besser, sie für sich als gegen sich zu haben.

Das DVU-Wahlergebnis in Sachsen-Anhalt kam nicht unerwartet, wie glauben gemacht wird. Die Öffentlichkeit wurde aus der Meinungsbildung nur herausgehalten. Es war der erste Test, wie hoch das Wählerpotential für faschistische Parteien im Osten bereits vorhanden ist. In eiliger Übernahme ähnlicher Wahlparolen durch die CSU konnte dieses Ergebnis in Bayern verschleiert werden.

In Mecklenburg-Vorpommern und Brandenburg erfolgten ab dem Frühjahr 1998 auch seitens der Landesregierungen Maßnahmen, die breite Kreise der Öffentlichkeit mobilisierten, den Kräften Rückenhalt gaben, die aus ihrem bürgerlichen Demokratieverständnis heraus wirksam gegen die
„rechte Gewalt" vorgehen wollten. So konnte ein ähnliches Wahlergebnis wie in Sachsen-Anhalt verhindert werden.

Diese Bundestagswahl dokumentiert vor allem den Wählerwillen nach einem Regierungswechsel, verbunden auch mit der Hoffnung auf eine andere Politik. Trotzdem ist der Zuwachs an Stimmen für faschistische Parteien besorgniserregend.

Republikaner, DVU, NPD und Pro DM erreichten bundesweit einen Anteil von 4,2 %, was einem Zuwachs um 2,4 % entspricht. Im Land Brandenburg beträgt der Anteil dieser vier Parteien sogar 7,3 % mit einem Zuwachs um 6,2 %[1]. Auf die Landtagswahlen 1999 darf man gespannt sein. Interessant ist auch, dass 17 % der Erstwähler in Brandenburg die NPD gewählt haben[2]. In Frankfurt (Oder) erhielt die NPD bei der Kommunalwahl 2168 Stimmen, das sind mehr als 700 Wähler und 1,7 %[3]. Damit hat die NPD einen Sitz im Rathaus. In Fürstenwalde konnte sie sogar 5,2 % der Stimmen auf sich vereinen und zwei Plätze im Stadtparlament belegen.

---

[1] Märkische Oderzeitung v. 29. 9. 1998. S. 4
[2] Aussage eines Journalisten im ORB
[3] Frankfurter Stadtbote v. 29. 9. 1998

Die Faschisten sind nun auch im Osten hoffähig.
Sie erfreuen sich zunehmender Akzeptanz. Besonders unter den Jugendlichen, den beim Untergang
der DDR Zehnjährigen, finden sie regen Zulauf.
Der Boden ist bereitet für das Heer künftiger Er-
oberungszüge, sie kompensieren soziale Spannungen, die bei weiterer „Liberalisierung" und
„Globalisierung" gesetzmäßig sind.

5. Die anderen „Kinder der Freiheit"

Die ersten Jugendlichen, die nach dem Zusam-
menbruch der DDR die Familien verließen, waren
nicht Skinheads oder Neonazis, sondern Punks und
Hausbesetzer, die die ihnen übertragene Eigenver-
antwortlichkeit in die Praxis umsetzten, ein Leben
nach ihren Vorstellungen, ohne Lüge und Heuchelei, führen wollten. Sie verweigerten sich dem
Profitsystem.
Während sich noch breite Teile der Gesellschaft
mit der „Rettung" der verirrten Seelen der Neonazis beschäftigten, waren sie bereits Haussuchun-
gen, diskriminierenden körperlichen Durchsu-
chungen durch die Polizei, bewaffneten Angriffen
von Skinheads ausgesetzt. Sie waren die „Chaoten", die „Bunten", wurden zu Autonomen und
schließlich zur Antifa.
Unter ihnen entwickelte sich konsequenter Antifaschismus, der sich zunehmend auch mit antiimpe-
rialistischen Zielen verbindet. Sie sind gegen Ge-
löbnisse und Kriegseinsätze der Bundeswehr, für

Totalverweigerung, gegen die Abschiebepraxis von Asylbewerbern, Diskriminierung von Ausländern. Selbst oftmals Ziel brutaler faschistischer Gewalt, haben sie erfahren, dass Faschisten mit Toleranz nicht zu schlagen sind. Unter ihrer Losung „Antifa heißt Angriff" vereinen sie den ideologischen Kampf mit der antifaschistischen Aktion, die sowohl das Auftreten von Faschisten verhindern, wie auch eigene Ziele darstellen soll.

Sie haben konkrete Informationen, kennen die Szene, wissen, was läuft. Ihrer Öffentlichkeitsarbeit ist es zu danken, dass sich im Januar 1994 die Polizei gezwungen sah, das „Nationale Pressearchiv" in Frankfurt (Oder) auszuheben, für das auch über das „Nationale Info-Telefon" in Mainz geworben wurde[1]. Die „Anti-Antifa" existiert nach wie vor, veröffentlicht im „Frankfurter Frontberichter" von Zeit zu Zeit Listen von zu verfolgenden Personen.

Die Antifa-Jugendlichen in Frankfurt (Oder) haben sich zu einer beachtlichen Kraft entwickelt. Für eine Demonstration aus Anlass neuerlicher brutaler Übergriffe auf polnische Studenten am 6. Dezember 1997 fanden sie erstmals auch Verbündete unter anderen antifaschistisch gesinnten Kräften der Stadt. DKP, Bund der Antifaschisten, Studenten, Teile der PDS, Vertreter der Stadt und des Jugendhilfeausschusses, auch der Gewerkschaften,

---

[1] Verfassungsschutzbericht Land Brandenburg 1993, S. 34.

marschierten mit ihnen, erlebten die massive Bedrohung, die von dem begleitenden Polizeiaufgebot ausging. Allerdings distanzierte sich die Masse der kurzfristig Verbündeten im Nachhinein eilig von der gesamten Aktion, weil es im Anschluss an die Demo zu Ausschreitungen kam.

Die Zusammenarbeit in Bündnissen wurde jedoch mit der zunehmenden gewalttätigen und organisierten Präsenz von JN und NPD sowie dem spürbaren latenten Faschismus zu einem Bedürfnis.

In der im Juni 1998 gegründeten „Plattform gegen rechts" gehören die Antifa-Jugendlichen zu den aktivsten und öffentlichkeitswirksamsten Teilnehmern. Dabei streiten sie um eindeutige Formulierungen in Positionspapieren der Plattform für die Öffentlichkeitsarbeit ebenso, wie sie gegen die unüberlegte Verwendung eingedeutschter polnischer Ortsnamen oder den Begriff „Asylant" statt Asylbewerber polemisieren. Sie erarbeiten Argumentationsmaterial, scheuen nicht davor, in mühevoller Drecksarbeit faschistische Schmierereien zu beseitigen, reihen sich mit ihren Transparenten ein bei der Ehrung der Opfer des Faschismus. Mit ihren eindrucksvollen Losungen gegen den Einzug der NPD ins Frankfurter Rathaus dokumentieren sie das Ziel der ca. 2000 Teilnehmer umfassenden Menschenkette zwei Tage vor der Wahl.

Der Kommunist und Antifaschist Emil Carlebach sagte 1994 in einem Referat:

„Was steckt denn hinter der Autonomie, dem sogenannten 'Chaotentum' dieser Jugend? Dahinter steckt die Rebellion gegen ein Gesellschaftssystem, das auf Duckmäusertum, auf Kadavergehorsam gegründet ist. Und diese Rebellion ist gut, sie ist richtig, sie ist progressiv. Diesen guten Kern des jugendlichen Verhaltens müssen wir erkennen, anerkennen, mit sozialistischem Inhalt füllen, damit die jungen Menschen für die Gestaltung ihrer Zukunft - denn um ihre Zukunft geht es - ein erstrebenswertes Ziel haben, über die Ablehnung der verfaulenden Ordnung von heute hinaus.

Und sollten wir uns, anstatt die Nase zu rümpfen, nicht Gedanken darüber machen, dass diese Autonomen, diese angeblichen Chaoten, durch die Bank Antifaschisten sind, nicht mit hohlen Phrasen wie Herr Scharping oder die 'Frankfurter Rundschau', sondern Antifaschisten auf der Straße, mit Demonstrationen gegen Naziaufmärsche und Hakenkreuzpropaganda? Und - man höre und staune - ohne von uns belehrt, aufgeklärt oder geführt zu werden! Und die andere Seite: der Klassenfeind sieht und bekämpft im Antifaschismus, in jeder antifaschistischen Aktion eine, wie seine Büttel es nennen, eine 'Gefahr für den Staat'.

Ist das kein Anlass, uns Gedanken zu machen darüber, wie wir zu diesen jungen Menschen kommen können?

Wir zu ihnen! Nicht abwarten, ob sie - vielleicht - unsere 'höhere Weisheit' erkennen, und bei uns läuten ..."[1]

Sonja Ryll

Frankfurt (Oder), am 29. Oktober 1998

---

[1] Unsere Zeit v. 14. 10. 1994. S. 15.

Über die Autorin:

Sonja Ryll (Jg. 1952):
* geboren und aufgewachsen in der DDR
* Studium der Germanistik und Slawistik
* Abschluss als Diplomlehrerin an der Humboldt-Universität Berlin
* ab 1999 in der Wahlheimat Ostfriesland
* 2021 Onlinestudium an der Schule des Schreibens in Hamburg